Impressum
Verlag: BABADADA GmbH, Nedderfeld 112 , 22529 Hamburg
Geschäftsführer / Verlagsleitung: Harald Hof
Druck: Books on Demand GmbH, In de Tarpen 42, 22848 Norderstedt

Imprint
Publisher: BABADADA GmbH, Nedderfeld 112 , 22529 Hamburg, Germany
Managing Director / Publishing direction: Harald Hof
Print: Books on Demand GmbH, In de Tarpen 42, 22848 Norderstedt, Germany

die Schule
xue xiao

dividieren
chu

186/2

die Tafel
hei ban

das Klassenzimmer
jiao shi

der Schulhof
xiao yuan

der Lehrer
lao shi

das Papier
zhi

schreiben
shu xie

der Stift
gang bi

der Schreibtisch
ban gong zhuo

das Lineal
zhi chi

das Buch
shu

die Schüler
xue sheng

der Ranzen

shu bao

die Federmappe

qian bi he

der Bleistift

qian bi

der Bleistiftanspitzer

juan bi dao

das Radiergummi

xiang pi ca

der Zeichenblock

hua ban

die Zeichnung

tu hua

der Pinsel

hua bi

der Malkasten

yan liao he

die Schere

jian dao

der Klebstoff

jiao shui

das Übungsheft

lian xi ce

die Hausaufgabe

jia ting zuo ye

die Zahl

shu zi

addieren

jia

subtrahieren

jian

multiplizieren

cheng

rechnen

ji suan

der Buchstabe

zi mu

das Alphabet

zi mu biao

das Wort

zi

der Text

ke wen

lesen

du

die Kreide

fen bi

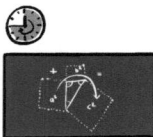

die Stunde

shang ke

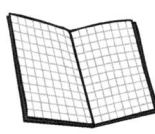

das Klassenbuch

deng ji

die Prüfung

kao shi

das Zeugnis

zheng shu

die Schuluniform

xiao fu

die Ausbildung

jiao yu

das Lexikon

bai ke quan shu

die Universität

da xue

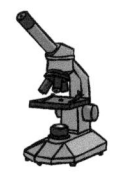

das Mikroskop

xian wei jing

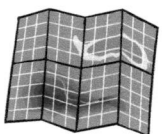

die Karte

di tu

der Papierkorb

fei zhi kuang

die Schule - xue xiao

die Reise
lü xing

das Hotel
jiu dian
Grand
die Herberge
qing nian lü xing she
die Wechselstube
wai bi dui huan chu
der Koffer
shou ti xiang
das Auto
qi che

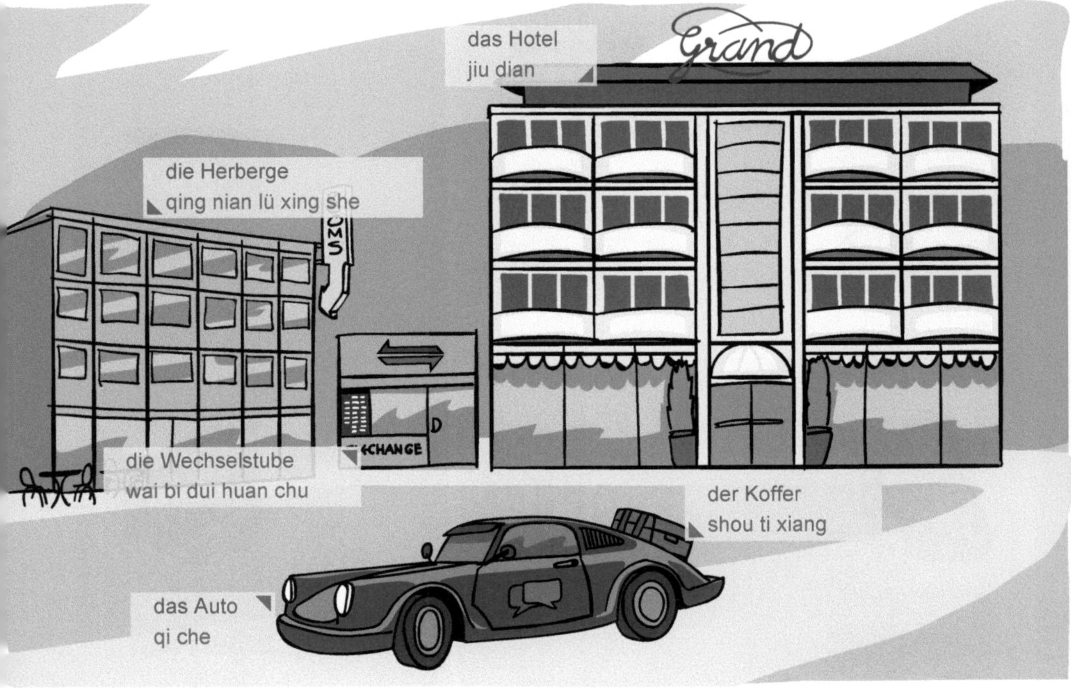

die Sprache

yu yan

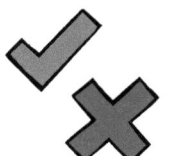

ja / nein

shi/fou

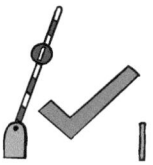

Okay

hao de

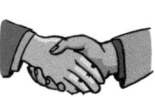

Hallo

nin hao

der Übersetzer

fan yi yuan

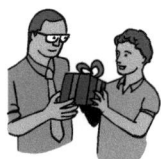

Danke

xie xie

Was kostet...?

......duo shao qian?

Ich verstehe nicht

wo bu ming bai

das Problem

wen ti

Guten Abend!

wan shang hao!

Guten Morgen!

zao shang hao!

Gute Nacht!

wan an!

Auf Wiedersehen

zai jian

die Richtung

fang xiang

das Gepäck

xing li

die Tasche

bao

der Rucksack

shuang jian bao

der Gast

ke ren

das Zimmer

fang jian

der Schlafsack

shui dai

das Zelt

zhang peng

die Touristeninformation

lü you xin xi

der Strand

hai tan

die Kreditkarte

xin yong ka

das Frühstück

zao can

das Mittagessen

wu can

das Abendessen

wan can

die Fahrkarte

piao

der Fahrstuhl

dian ti

die Briefmarke

you piao

die Grenze

bian jie

der Zoll

hai guan

die Botschaft

da shi guan

das Visum

qian zheng

der Pass

hu zhao

die Reise - lü xing

der Transport
jiao tong yun shu

das Flugzeug
fei ji

das Schiff
chuan

das Feuerwehrauto
xiao fang che

der Bus
gong jiao che

der Lastwagen
ka che

das Motorboot
qi ting

das Fahrrad
zi xing che

das Auto
qi che

die Fähre

bai du chuan

das Boot

xiao chuan

das Motorrad

mo tuo che

das Polizeiauto

jing che

das Rennauto

sai che

der Mietwagen

zu che

das Carsharing

pin che

der Abschleppwagen

tuo che

das Müllauto

la ji che

der Motor

fa dong ji

der Kraftstoff

qi you

die Tankstelle

jia you zhan

das Verkehrsschild

jiao tong biao zhi

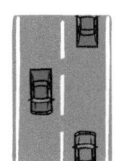

der Verkehr

jiao tong

der Stau

jiao tong du sai

der Parkplatz

ting che chang

der Bahnhof

huo che zhan

die Schienen

gui dao

der Zug

huo che

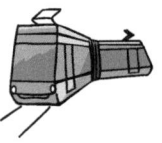

die Straßenbahn

dian che

der Wagon

huo che

der Helikopter

zhi sheng ji

der Flughafen

ji chang

der Tower

ta

der Passagier

cheng ke

der Container

ji zhuang xiang

der Karton

zhi ban xiang

der Karren

shou tui che

der Korb

lan zi

starten / landen

qi fei/jiang luo

die Stadt

cheng shi

das Dorf

cun zhuang

das Stadtzentrum

shi zhong xin

das Haus

fang zi

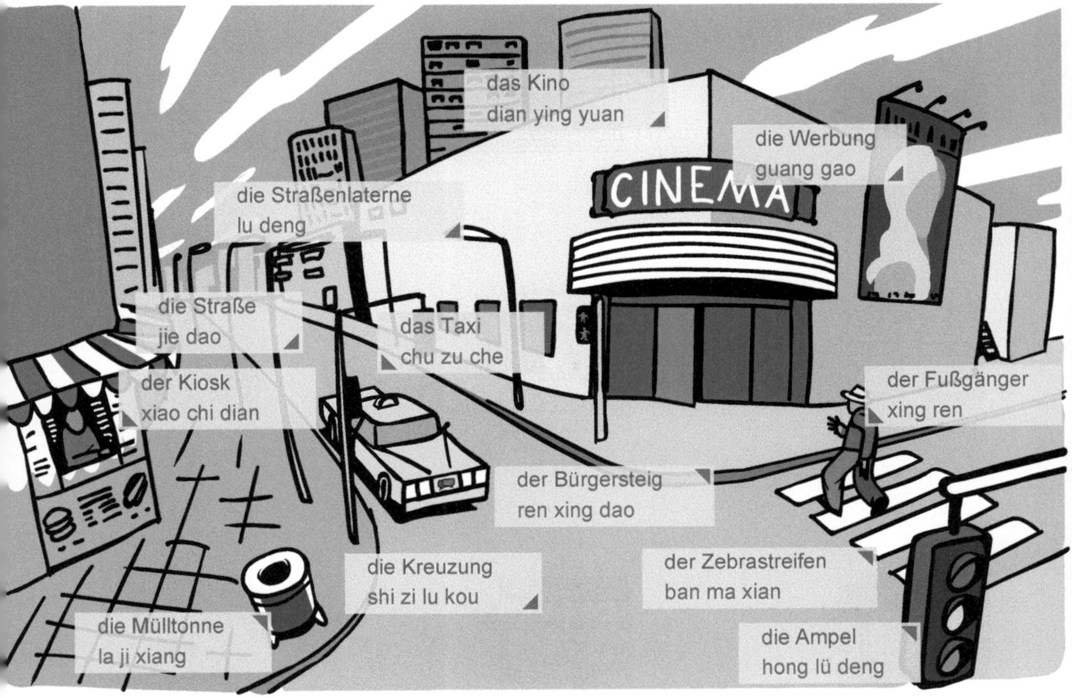

das Kino
dian ying yuan

die Werbung
guang gao

die Straßenlaterne
lu deng

CINEMA

die Straße
jie dao

das Taxi
chu zu che

der Kiosk
xiao chi dian

der Fußgänger
xing ren

der Bürgersteig
ren xing dao

die Kreuzung
shi zi lu kou

der Zebrastreifen
ban ma xian

die Mülltonne
la ji xiang

die Ampel
hong lü deng

die Hütte

xiao wu

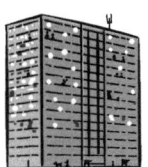

die Wohnung

gong yu

der Bahnhof

huo che zhan

das Rathaus

shi zheng ting

das Museum

bo wu guan

die Schule

xue xiao

die Universität

da xue

die Bank

yin hang

das Krankenhaus

yi yuan

das Hotel

jiu dian

die Apotheke

yao fang

das Büro

ban gong shi

die Buchhandlung

shu dian

das Geschäft

shang dian

der Blumenladen

hua dian

der Supermarkt

chao shi

der Markt

shi chang

das Kaufhaus

bai huo shang dian

der Fischhändler

yu dian

das Einkaufszentrum

gou wu zhong xin

der Hafen

hai gang

der Park

gong yuan

die Bank

chang deng

die Brücke

qiao

die Treppe

lou ti

die U-Bahn

di tie

der Tunnel

sui dao

die Bushaltestelle

gong jiao che zhan

die Bar

jiu ba

das Restaurant

can guan

der Briefkasten

you tong

das Straßenschild

lu biao

die Parkuhr

ting che ji shi qi

der Zoo

dong wu yuan

die Badeanstalt

you yong guan

die Moschee

qing zhen si

der Bauernhof

nong chang

die Umweltverschmutzung

wu ran

der Friedhof

mu di

die Kirche

jiao tang

der Spielplatz

cao chang

der Tempel

si miao

die Landschaft
di xing

das Blatt
shu ye

der Wegweiser
zhi shi pai

der Weg
lu

die Wiese
cao di

der Stein
shi tou

der Baum
shu

der Wanderer
tu bu lü xing zhe

der Fluss
he

das Gras
cao

die Blume
hua

das Tal

xia gu

der Berg

shan

der See

hu

der Wald

sen lin

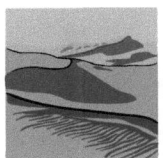

die Wüste

sha mo

der Vulkan

huo shan

das Schloss

cheng bao

der Regenbogen

cai hong

der Pilz

mo gu

die Palme

zong lü shu

der Moskito

wen zi

die Fliege

cang ying

die Ameise

ma yi

die Biene

mi feng

die Spinne

zhi zhu

die Landschaft - di xing

der Käfer

jia chong

der Frosch

qing wa

das Eichhörnchen

song shu

der Igel

ci wei

der Hase

ye tu

die Eule

mao tou ying

die Vogel

niao

der Schwan

tian e

das Wildschwein

ye zhu

der Hirsch

lu

der Elch

mi lu

der Staudamm

shui ba

das Windrad

feng li fa dian ji

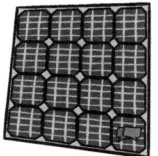

das Solarmodul

tai yang neng dian chi ban

das Klima

qi hou

das Restaurant
can guan

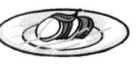

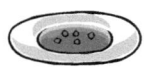

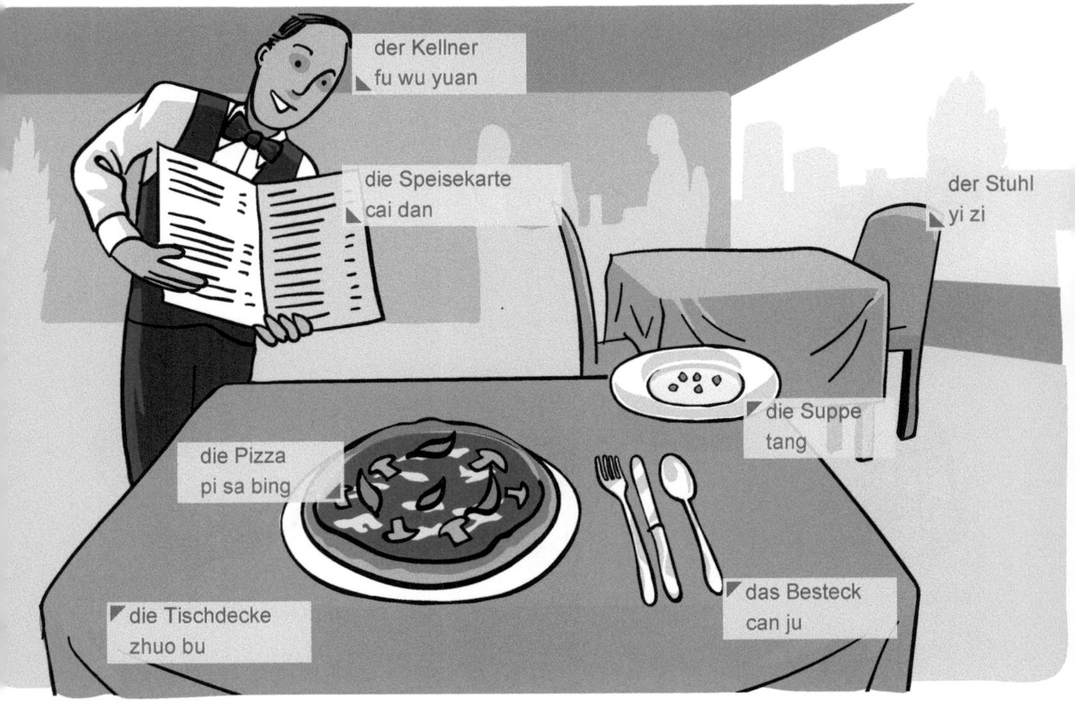
der Kellner
fu wu yuan
die Speisekarte
cai dan
der Stuhl
yi zi
die Suppe
tang
die Pizza
pi sa bing
das Besteck
can ju
die Tischdecke
zhuo bu

die Vorspeise

qian cai

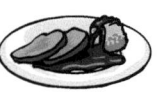

das Hauptgericht

zhu cai

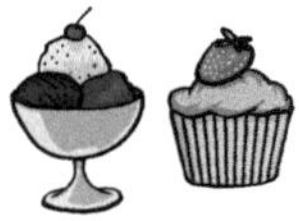

die Nachspeise

tian dian

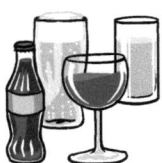

die Getränke

yin liao

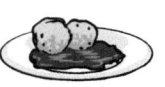

das Essen

shi wu

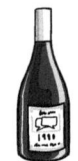

die Flasche

ping zi

das Fastfood

kuai can

das Streetfood

jie bian xiao chi

die Teekanne

cha hu

die Zuckerdose

tang he

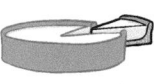

die Portion

yi fen fan cai

die Espressomaschine

yi shi ka fei ji

der Hochstuhl

gao jiao yi

die Rechnung

zhang dan

das Tablett

tuo pan

das Messer

dao

die Gabel

can cha

der Löffel

shao zi

der Teelöffel

cha chi

die Serviette

can jin

das Glas

bo li bei

der Teller

die zi

der Suppenteller

tang pan

die Untertasse

die zi

die Sauce

jiang

der Salzstreuer

yan ping

die Pfeffermühle

hu jiao mo

der Essig

cu

das Öl

shi yong you

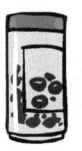

die Gewürze

tiao wei liao

das Ketchup

fan qie jiang

der Senf

jie mo

die Mayonnaise

dan huang jiang

der Supermarkt

chao shi

das Angebot
te jia
FOR
der Kunde
gu ke
die Milchprodukte
ru zhi pin
das Obst
shui guo
der Einkaufswagen
gou wu che

BUTCHERS

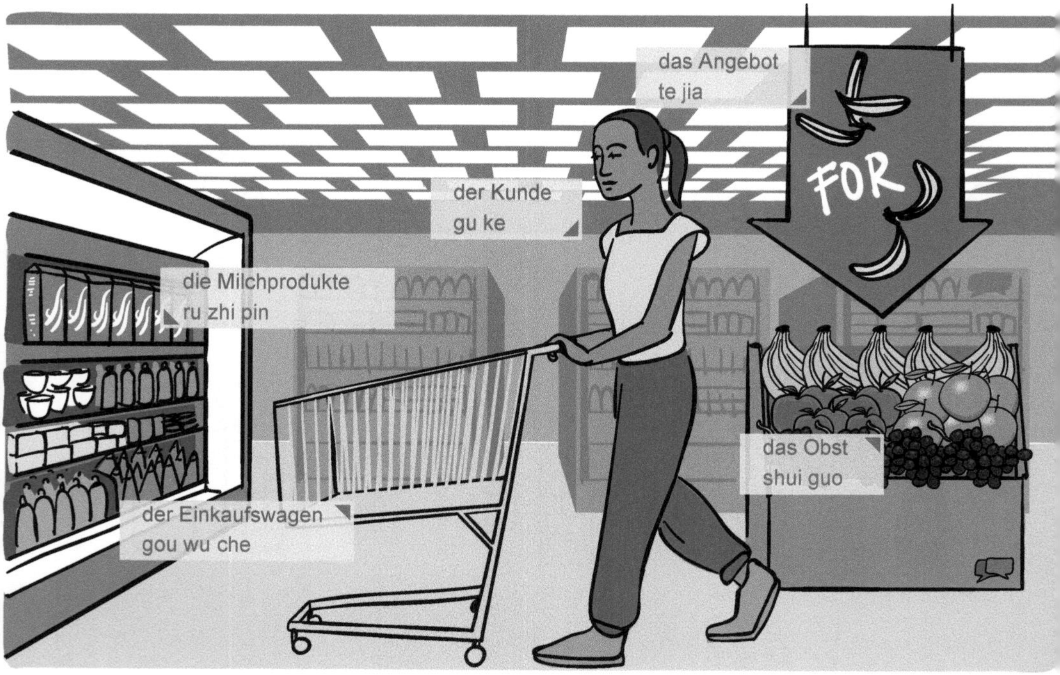

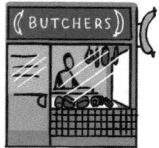

die Schlachterei

rou pu

BAKERY

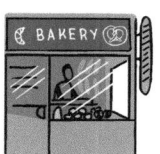

die Bäckerei

mian bao fang

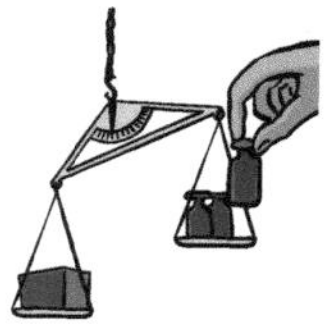

wiegen

cheng zhong

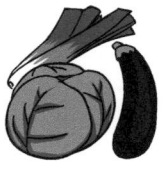

das Gemüse

shu cai

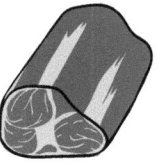

das Fleisch

rou

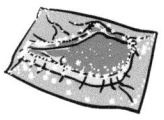

die Tiefkühlkost

leng dong shi pin

der Aufschnitt

leng pan

die Konserven

guan tou shi pin

das Waschmittel

xi yi fen

die Süßigkeiten

tian shi

die Haushaltsartikel

ri yong pin

das Reinigungsmittel

qing jie yong pin

die Verkäuferin

xiao shou yuan

die Kasse

shou yin ji

der Kassierer

shou yin yuan

die Einkaufsliste

gou wu qing dan

die Öffnungszeiten

kai fang shi jian

die Brieftasche

qian bao

die Kreditkarte

xin yong ka

die Tasche

dai zi

die Plastiktüte

su liao dai

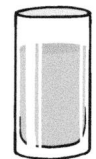

das Wasser

shui

der Saft

guo zhi

die Milch

niu nai

die Cola

ke le

der Wein

hong jiu

das Bier

pi jiu

der Alkohol

jiu

der Kakao

ke ke

der Tee

cha

der Kaffee

ka fei

der Espresso

yi shi nong suo ka fei

der Cappuccino

ka bu qi nuo

die Banane

xiang jiao

der Apfel

ping guo

die Orange

cheng zi

die Melone

xi gua

die Zitrone

ning meng

die Karotte

hu luo bo

der Knoblauch

da suan

der Bambus

zhu zi

die Zwiebel

yang cong

der Pilz

mo gu

die Nüsse

jian guo

die Nudeln

mian tiao

die Spaghetti

yi da li mian tiao

der Reis

mi fan

der Salat

sha la

die Pommes frites

shu tiao

die Bratkartoffeln

zha tu dou

die Pizza

pi sa bing

der Hamburger

han bao bao

das Sandwich

san ming zhi

das Schnitzel

zha zhu pai

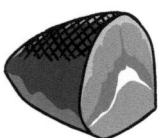

der Schinken

huo tui

die Salami

sa la mi

die Wurst

xiang chang

das Huhn

ji rou

der Braten

kao rou

der Fisch

yu

die Haferflocken

yan mai pian

das Müsli

mu zi li

die Cornflakes

yu mi pian

das Mehl

mian fen

das Croissant

yang jiao mian bao

das Brötchen

mian bao juan

das Brot

mian bao

der Toast

kao mian bao

die Kekse

bing gan

die Butter

huang you

der Quark

ning ru

der Kuchen

dan gao

das Ei

dan

das Spiegelei

jian dan

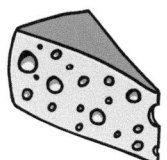

der Käse

nai lao

die Eiscreme

bing ji lin

der Zucker

tang

der Honig

feng mi

die Marmelade

guo jiang

die Nougat-Creme

qiao ke li jiang

das Curry

ga li fan

der Bauernhof
nong chang

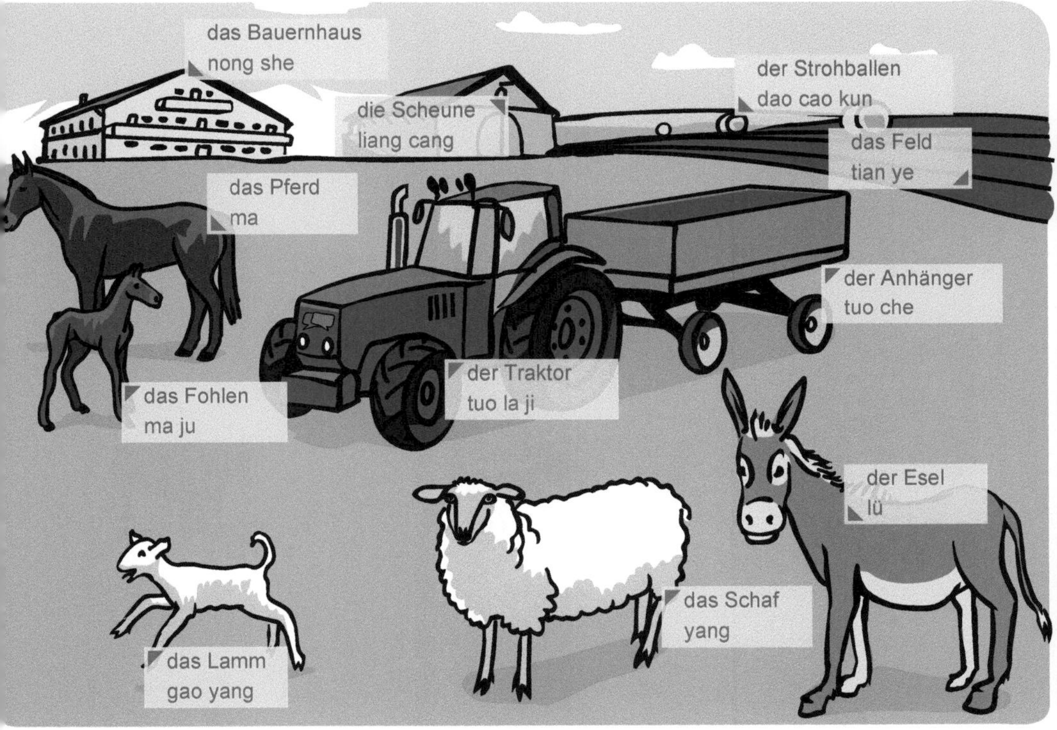
das Bauernhaus
nong she
die Scheune
liang cang
der Strohballen
dao cao kun
das Feld
tian ye
das Pferd
ma
der Anhänger
tuo che
der Traktor
tuo la ji
das Fohlen
ma ju
der Esel
lü
das Schaf
yang
das Lamm
gao yang

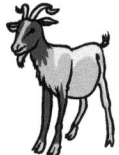

die Ziege

shan yang

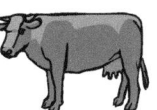

die Kuh

nai niu

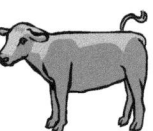

das Kalb

niu du

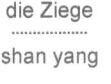

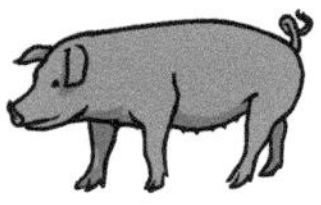
das Schwein

zhu

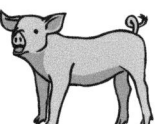

das Ferkel

xiao zhu

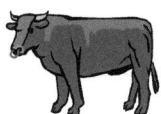

der Bulle

gong niu

die Gans

e

die Ente

ya

das Küken

xiao ji

das Huhn

mu ji

der Hahn

gong ji

die Ratte

shu

die Katze

mao

die Maus

lao shu

der Ochse

niu

der Hund

gou

die Hundehütte

gou wu

der Gartenschlauch

hua yuan jiao shui ruan
guan

die Gießkanne

sa shui hu

die Sense

chang bing da lian dao

der Pflug

li

die Sichel

lian dao

die Hacke

chu tou

die Mistgabel

chang bing cao pa

die Axt

fu tou

die Schubkarre

du lun shou tui che

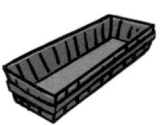

der Trog

si liao cao

die Milchkanne

niu nai guan

der Sack

ma bu dai

der Zaun

zha lan

der Stall

ma jiu

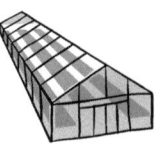

das Treibhaus

wen shi

der Boden

tu rang

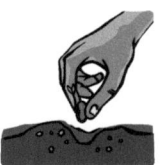

die Saat

zhong zi

der Dünger

fei liao

der Mähdrescher

lian he shou ge ji

ernten

shou ge

die Ernte

shou ge

die Yamswurzel

shan yao

der Weizen

xiao mai

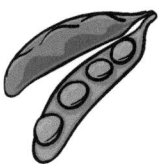

das Soja

da dou

die Kartoffel

tu dou

der Mais

yu mi

der Raps

you cai zi

der Obstbaum

guo shu

der Maniok

shu shu

das Getreide

gu wu

das Haus

fang zi

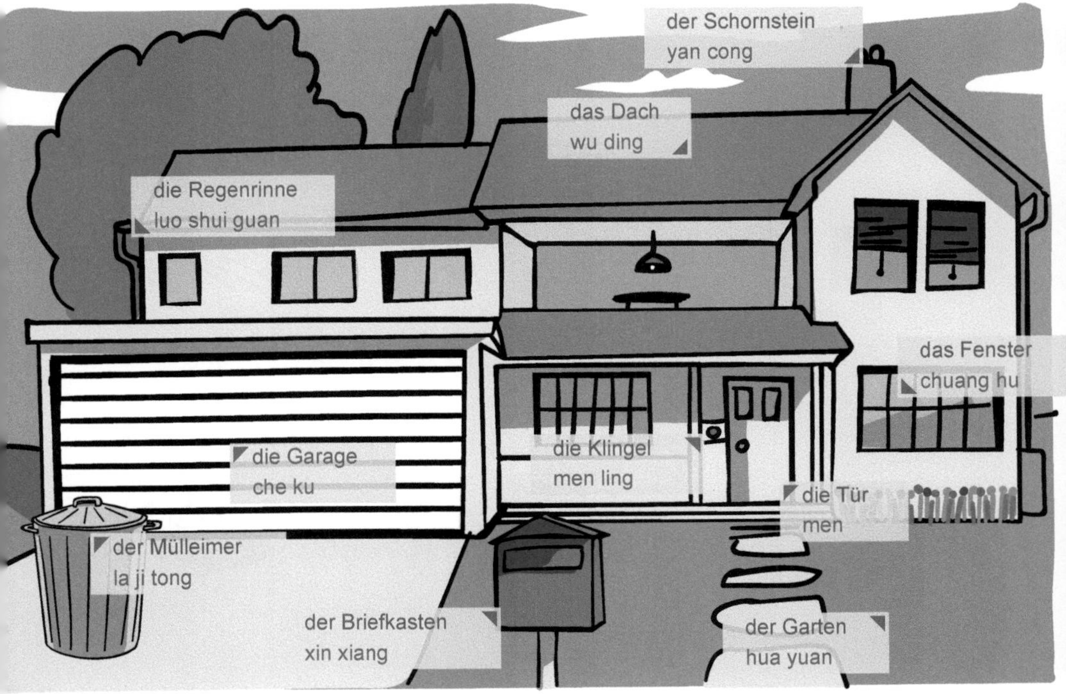
der Schornstein
yan cong
das Dach
wu ding
die Regenrinne
luo shui guan
das Fenster
chuang hu
die Garage
che ku
die Klingel
men ling
die Tür
men
der Mülleimer
la ji tong
der Briefkasten
xin xiang
der Garten
hua yuan

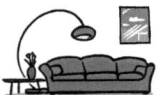

das Wohnzimmer

ke ting

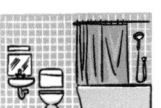

das Badezimmer

yu shi

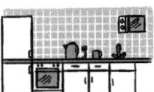

die Küche

chu fang

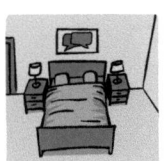

das Schlafzimmer

wo shi

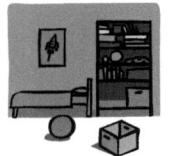

das Kinderzimmer

er tong fang

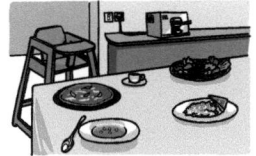

das Esszimmer

can ting

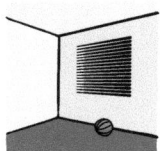

der Boden

di ban

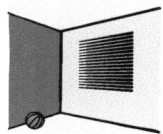

die Wand

qiang bi

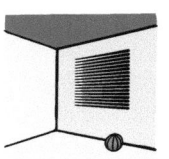

die Decke

diao ding

der Keller

di jiao

die Sauna

sang na

der Balkon

yang tai

die Terrasse

lu tai

das Schwimmbad

you yong chi

der Rasenmäher

ge cao ji

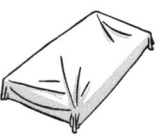

der Bettbezug

bei dan

die Bettdecke

chuang zhao

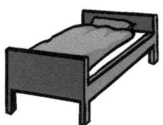

das Bett

chuang

der Besen

sao zhou

der Eimer

shui tong

der Schalter

kai guan

das Wohnzimmer
ke ting

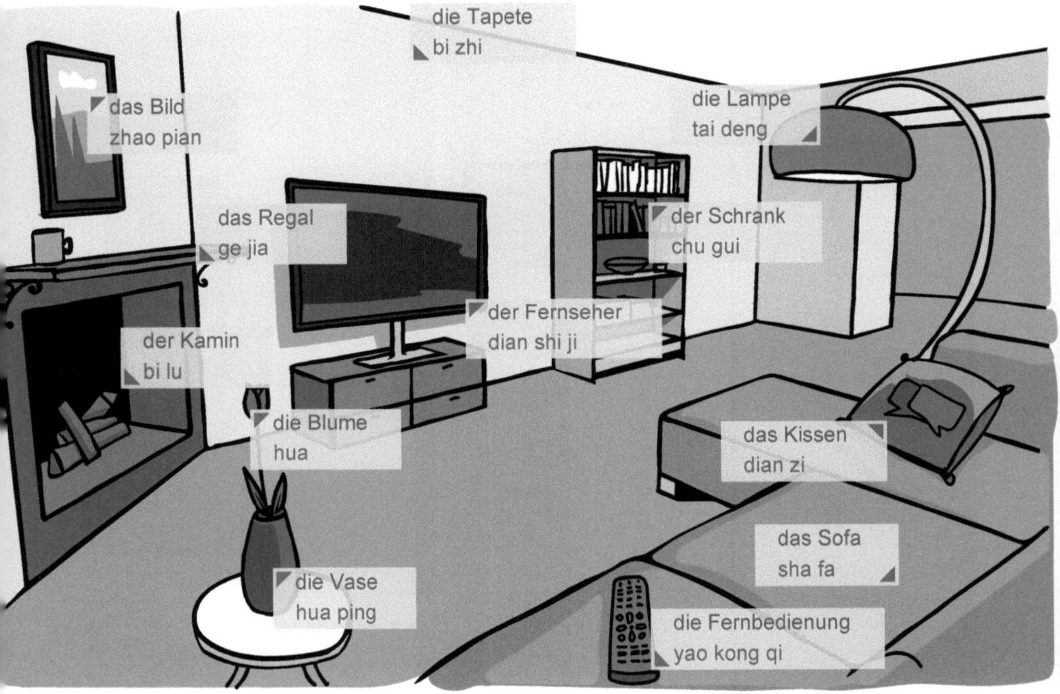
die Tapete
bi zhi
das Bild
zhao pian
die Lampe
tai deng
das Regal
ge jia
der Schrank
chu gui
der Fernseher
dian shi ji
der Kamin
bi lu
die Blume
hua
das Kissen
dian zi
das Sofa
sha fa
die Vase
hua ping
die Fernbedienung
yao kong qi

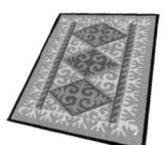

der Teppich
di tan

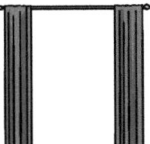

der Vorhang
chuang lian

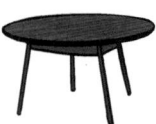

der Tisch
can zhuo

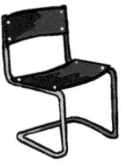

der Stuhl
yi zi

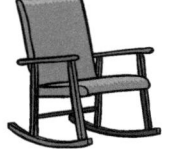

der Schaukelstuhl
yao yi

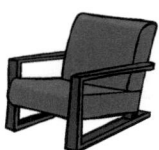

der Sessel
fu shou yi

das Buch

shu

die Decke

tan zi

die Dekoration

zhuang shi pin

das Feuerholz

mu chai

der Film

dian ying

die Stereoanlage

gao bao zhen yin xiang

der Schlüssel

yao shi

die Zeitung

bao zhi

das Gemälde

you hua

das Poster

hai bao

das Radio

shou yin ji

der Notizblock

bi ji ben

der Staubsauger

xi chen qi

der Kaktus

xian ren zhang

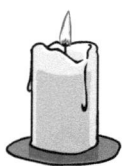

die Kerze

la zhu

die Küche
chu fang

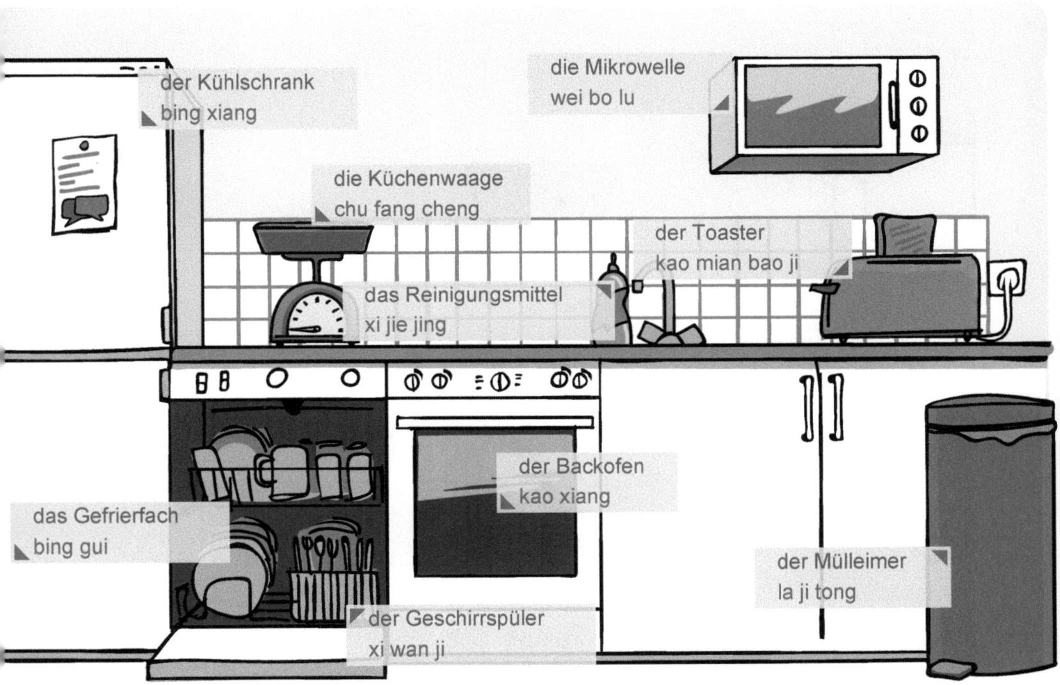

der Kühlschrank
bing xiang
die Mikrowelle
wei bo lu
die Küchenwaage
chu fang cheng
der Toaster
kao mian bao ji
das Reinigungsmittel
xi jie jing
der Backofen
kao xiang
das Gefrierfach
bing gui
der Mülleimer
la ji tong
der Geschirrspüler
xi wan ji

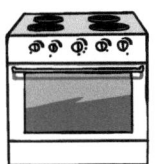

der Herd

chui ju

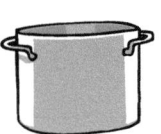

der Topf

guo

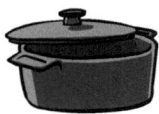

der Eisentopf

zhu tie guo

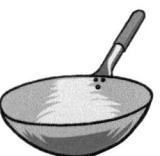

der Wok / Kadai

sha guo

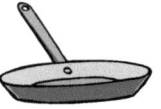

die Pfanne

ping di guo

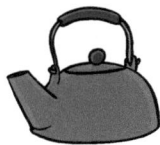

der Wasserkocher

shui hu

der Dampfgarer

zheng guo

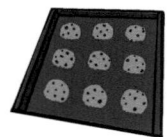

das Backblech

kao pan

das Geschirr

tao ci guo

der Becher

ma ke bei

die Schale

wan

die Essstäbchen

kuai zi

die Suppenkelle

chang bing shao

der Pfannenwender

chan zi

der Schneebesen

jiao ban qi

das Kochsieb

lü wang

das Sieb

shai zi

die Reibe

mo sui ji

der Mörser

yan bo

der Grill

shao kao

die Feuerstelle

ming huo

das Schneidebrett

cai ban

das Nudelholz

gan mian zhang

der Korkenzieher

kai ping qi

die Dose

guan zi

der Dosenöffner

kai ping qi

der Topflappen

ge re shou tao

das Waschbecken

shui cao

die Bürste

shua zi

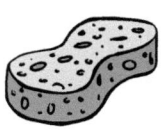

der Schwamm

hai mian

der Mixer

jiao ban ji

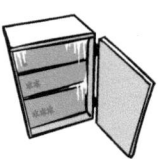

die Gefriertruhe

leng cang xiang

die Babyflasche

nai ping

der Wasserhahn

shui long tou

die Küche - chu fang

das Badezimmer

yu shi

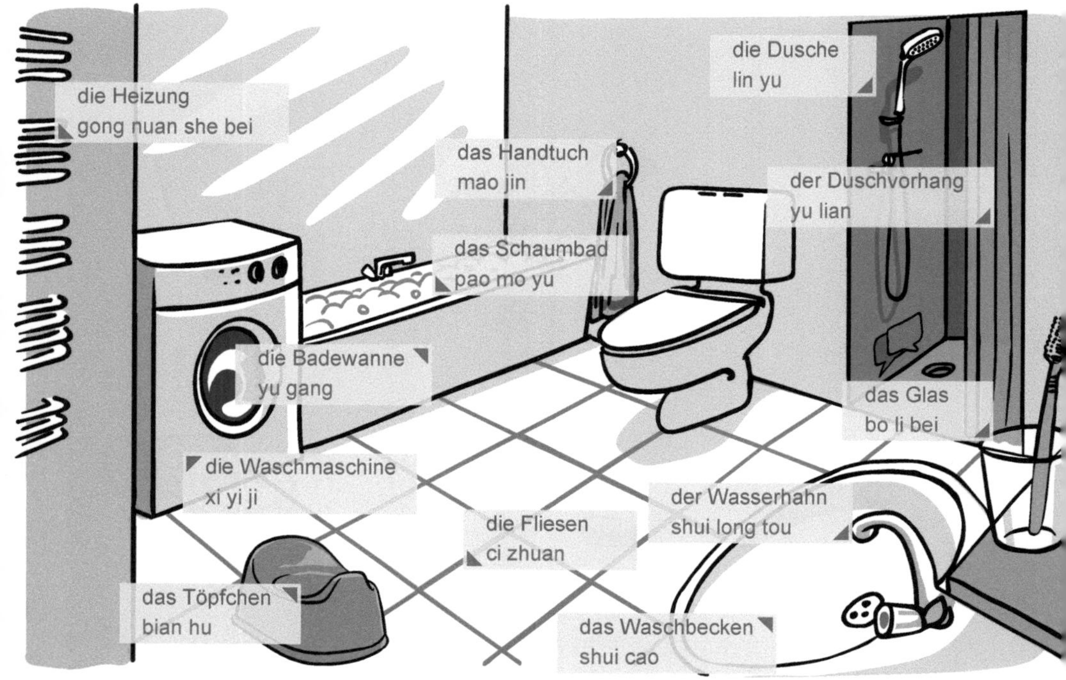

die Dusche
lin yu
die Heizung
gong nuan she bei
das Handtuch
mao jin
der Duschvorhang
yu lian
das Schaumbad
pao mo yu
die Badewanne
yu gang
das Glas
bo li bei
die Waschmaschine
xi yi ji
der Wasserhahn
shui long tou
die Fliesen
ci zhuan
das Töpfchen
bian hu
das Waschbecken
shui cao

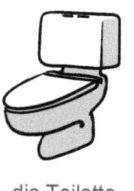

die Toilette

ce suo

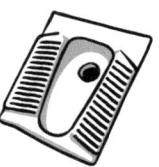

die Hocktoilette

dun bian qi

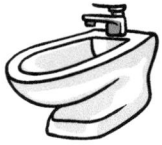

das Bidet

zuo yu qi

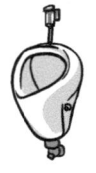

das Pissoir

xiao bian chi

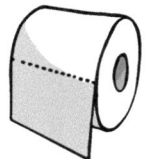

das Toilettenpapier

ce zhi

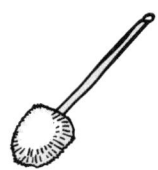

die Toilettenbürste

ma tong shua

die Zahnbürste

ya shua

die Zahnpasta

ya gao

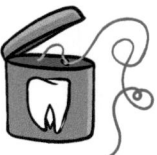

die Zahnseide

ya xian

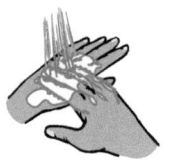

waschen

xi

die Handbrause

shou chi shi pen lin tou

die Intimdusche

chong xi qi

die Waschschüssel

xi lian pen

die Rückenbürste

ca bei shua

die Seife

fei zao

das Duschgel

mu yu lu

das Shampoo

xi fa shui

der Waschlappen

fa lan rong

der Abfluss

pai shui

die Creme

ru shuang

das Deodorant

chu chou ji

der Spiegel

jing zi

der Kosmetikspiegel

shou jing

der Rasierer

ti xu dao

der Rasierschaum

ti xu pao mo

das Rasierwasser

xu hou shui

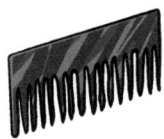

der Kamm

shu zi

die Bürste

shua zi

der Föhn

chui feng ji

das Haarspray

pen fa ding xing ji

das Makeup

hua zhuang pin

der Lippenstift

chun gao

der Nagellack

zhi jia you

die Watte

hua zhuang mian

die Nagelschere

zhi jia jian

das Parfum

xiang shui

der Kulturbeutel

xi shu bao

der Hocker

deng zi

die Waage

ji zhong cheng

der Bademantel

yu pao

die Gummihandschuhe

xiang jiao shou tao

das Tampon

wei sheng mian tiao

die Damenbinde

wei sheng jin

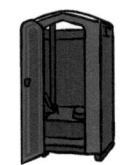

die Chemietoilette

hua xue ce suo

das Kinderzimmer
er tong fang

der Wecker
nao zhong
das Kuscheltier
mao rong wan ju
das Spielzeugauto
wan ju che
die Rassel
bo lang gu
das Puppenhaus
wan ju wu
das Geschenk
li wu

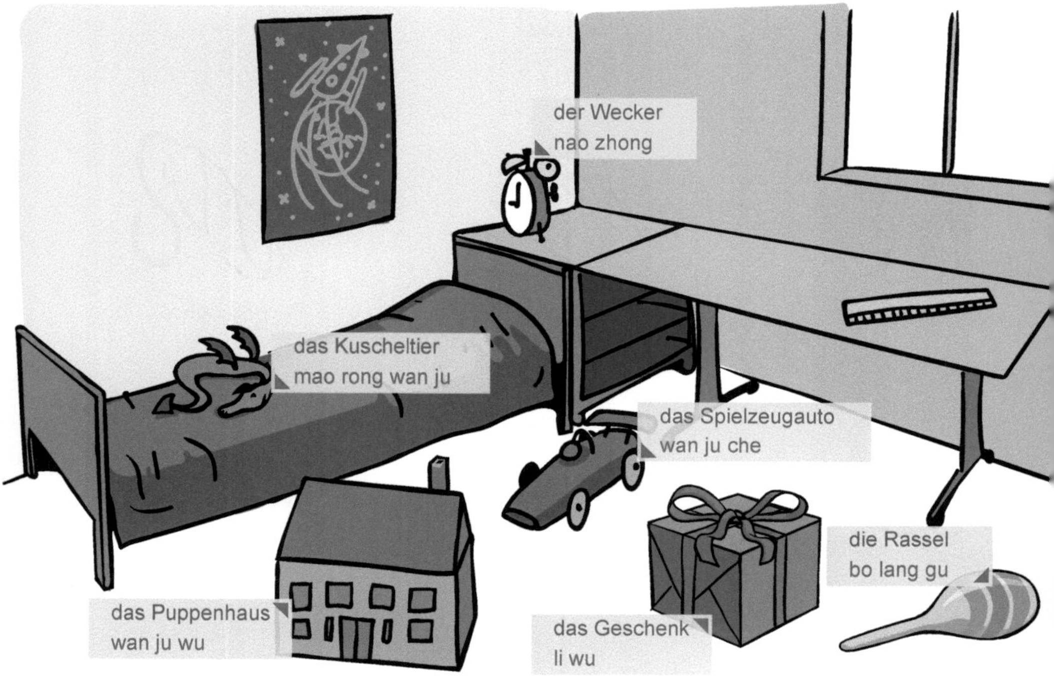

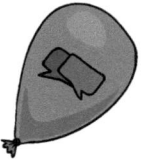

der Ballon

qi qiu

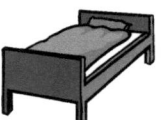

das Bett

chuang

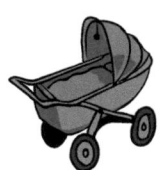

der Kinderwagen

(yang wa wa yong)ying er che

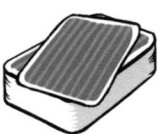

das Kartenspiel

pu ke pai

das Puzzle

pin tu

SUPER MEGA

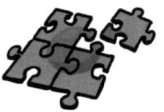

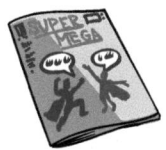

der Comic

man hua

die Legosteine

le gao ji mu

die Bausteine

ji mu wan ju

die Action Figur

wan ju ren

der Strampelanzug

ying er fu

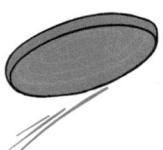

das Frisbee

fei pan

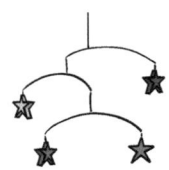

das Mobile

chuang ling wan ju

das Brettspiel

qi pan you xi

der Würfel

shai zi

die Modelleisenbahn

huo che mo xing

der Schnuller

an fu nai zui

die Party

ju hui

das Bilderbuch

hui ben

der Ball

qiu

die Puppe

yang wa wa

spielen

wan

das Kinderzimmer - er tong fang

der Sandkasten
sha keng

die Schaukel
qiu qian

das Spielzeug
wan ju

die Spielkonsole
you xi ji

das Dreirad
san lun che

der Teddy
tai di xiong

der Kleiderschrank
yi chu

die Kleidung
yi fu

die Socken
wa zi

die Strümpfe
chang wa

die Strumpfhose
jin shen ku

der Schal
wei jin

der Regenschirm
yu san

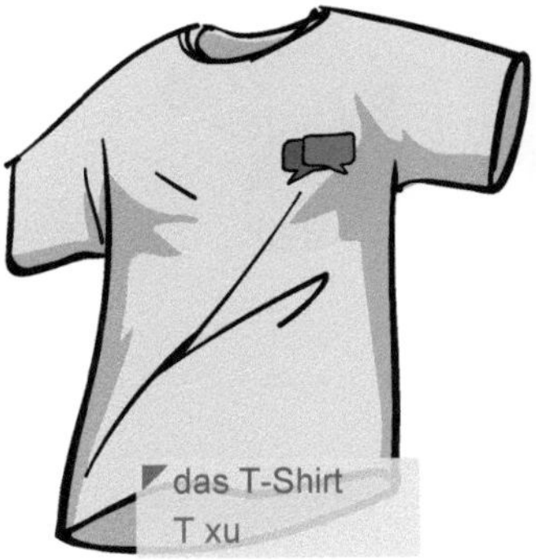

das T-Shirt
T xu

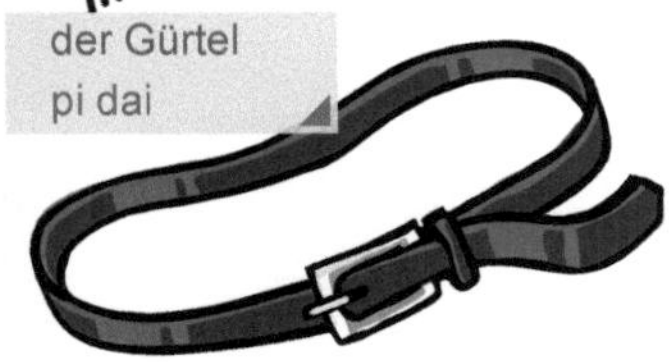

der Gürtel
pi dai

der Stiefel
xue zi

die Hausschuhe
tuo xie

die Turnschuhe
yun dong xie

die Sandalen
....
liang xie

die Schuhe
....
xie

die Gummistiefel
....
yu xue

die Unterhose
....
nei ku

der Büstenhalter
....
xiong zhao

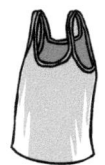

das Unterhemd
....
bei xin

die Kleidung - yi fu

der Body

shen ti

die Hose

ku zi

die Jeans

niu zai ku

der Rock

duan qun

die Bluse

nü shi chen shan

das Hemd

chen shan

der Pullover

tao tou shan

der Kapuzenpullover

wei yi

der Blazer

xi zhuang jia ke

die Jacke

jia ke

der Mantel

wai tao

der Regenmantel

yu yi

das Kostüm

tao zhuang

das Kleid

lian yi qun

das Hochzeitskleid

hun sha

der Anzug

xi zhuang

das Nachthemd

shui pao

der Schlafanzug

shui yi

der Sari

sha li

das Kopftuch

tou jin

der Turban

bao tou jin

die Burka

bo ka

der Kaftan

ka fu tan

die Abaya

(a la bo shi)chang pao

der Badeanzug

yong yi

die Badehose

nan shi yong ku

die kurze Hose

duan ku

der Trainingsanzug

yun dong fu

die Schürze

wei qun

die Handschuhe

shou tao

der Knopf

niu kou

die Brille

yan jing

das Armband

shou lian

die Halskette

xiang lian

der Ring

jie zhi

der Ohrring

er huan

die Mütze

bian mao

der Kleiderbügel

yi jia

der Hut

mao zi

die Krawatte

ling dai

der Reißverschluss

la lian

der Helm

tou kui

der Hosenträger

bei dai

die Schuluniform

xiao fu

die Uniform

zhi fu

das Lätzchen

wei dou

der Schnuller

an fu nai zui

die Windel

niao bu shi

das Büro
ban gong shi

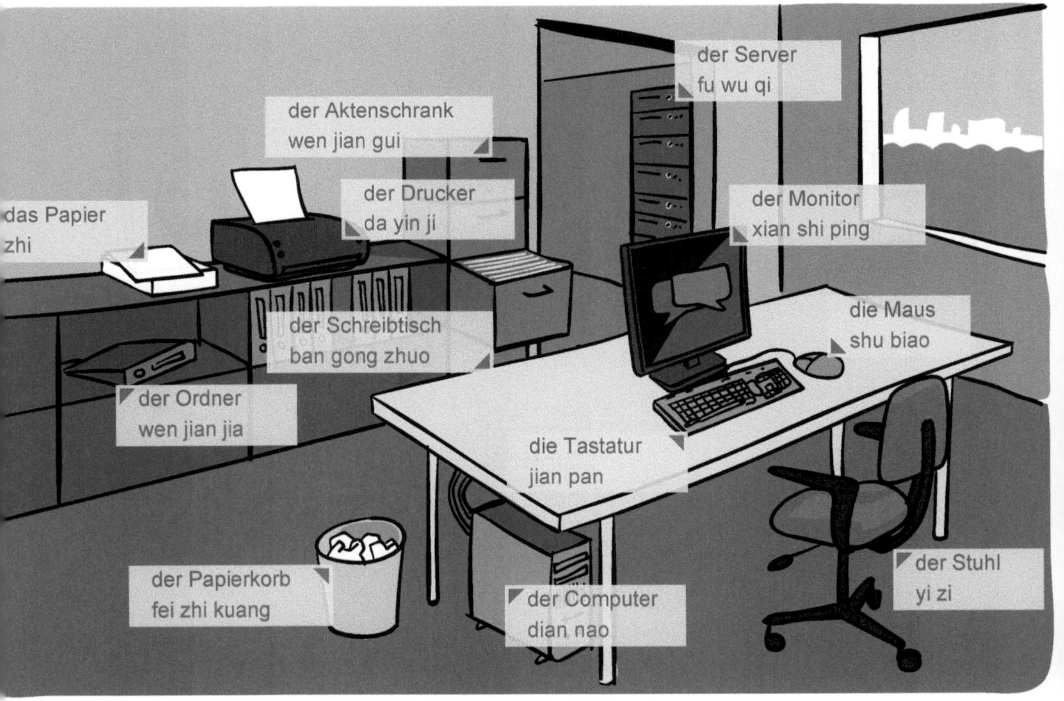

der Server
fu wu qi

der Aktenschrank
wen jian gui

der Drucker
da yin ji

das Papier
zhi

der Monitor
xian shi ping

der Schreibtisch
ban gong zhuo

die Maus
shu biao

der Ordner
wen jian jia

die Tastatur
jian pan

der Papierkorb
fei zhi kuang

der Computer
dian nao

der Stuhl
yi zi

der Kaffeebecher

ka fei bei

der Taschenrechner

ji suan qi

das Internet

yin te wang

der Laptop

bi ji ben dian nao

der Brief

xin jian

die Nachricht

xiao xi

das Handy

shou ji

das Netzwerk

wang luo

der Kopierer

fu yin ji

die Software

ruan jian

das Telefon

dian hua

die Steckdose

cha zuo

das Fax

chuan zhen ji

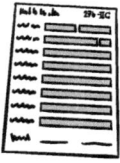

das Formular

biao ge

das Dokument

wen jian

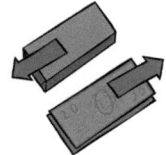

kaufen

mai

bezahlen

fu qian

handeln

jiao yi

das Geld

xian jin

der Dollar

mei yuan

der Euro

ou yuan

der Yen

ri yuan

der Rubel

lu bu

der Franken

rui shi fa lang

der Renminbi Yuan

ren min bi

die Rupie

lu bi

der Geldautomat

ti kuan chu

die Wechselstube

wai bi dui huan chu

das Gold

jin

das Silber

yin

das Öl

shi you

die Energie

neng yuan

der Preis

jia ge

der Vertrag

he tong

die Steuer

shui jin

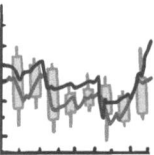

die Aktie

gu piao

arbeiten

gong zuo

der Angestellte

zhi yuan

der Arbeitgeber

lao ban

die Fabrik

gong chang

das Geschäft

shang dian

die Berufe
zhi ye

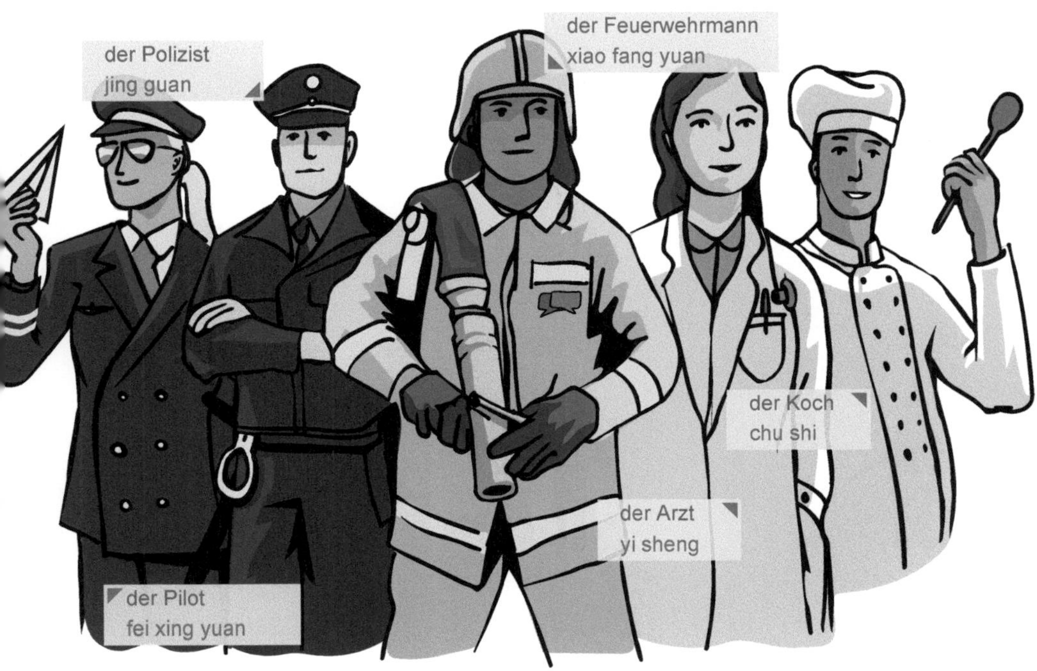

der Polizist
jing guan
der Feuerwehrmann
xiao fang yuan
der Koch
chu shi
der Arzt
yi sheng
der Pilot
fei xing yuan

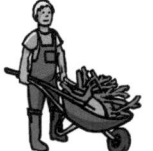

der Gärtner

yuan ding

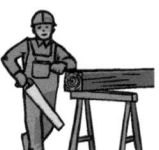

der Tischler

mu jiang

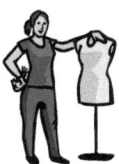

die Näherin

cai feng

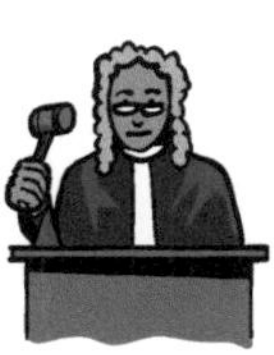

der Richter

fa guan

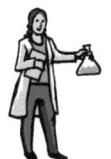

der Chemiker

hua xue jia

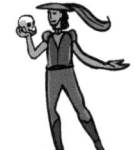

der Schauspieler

yan yuan

der Busfahrer

gong jiao che si ji

der Taxifahrer

chu zu che si ji

der Fischer

yu fu

die Putzfrau

qing jie nü gong

der Dachdecker

wu ding gong

der Kellner

fu wu yuan

der Jäger

lie ren

der Maler

hua jia

der Bäcker

mian bao shi

der Elektriker

dian gong

der Bauarbeiter

jian zhu gong ren

der Ingenieur

gong cheng shi

der Schlachter

tu fu

der Klempner

shui guan gong

der Postbote

you di yuan

der Soldat

shi bing

der Architekt

jian zhu shi

der Kassierer

shou yin yuan

der Florist

hua nong

der Friseur

li fa shi

der Schaffner

shou piao yuan

der Mechaniker

ji xie shi

der Kapitän

chuan zhang

der Zahnarzt

ya yi

der Wissenschaftler

ke xue jia

der Rabbi

la bi

der Imam

yi ma mu

der Mönch

he shang

der Geistliche

mu shi

die Berufe - zhi ye

die Werkzeuge
gong ju

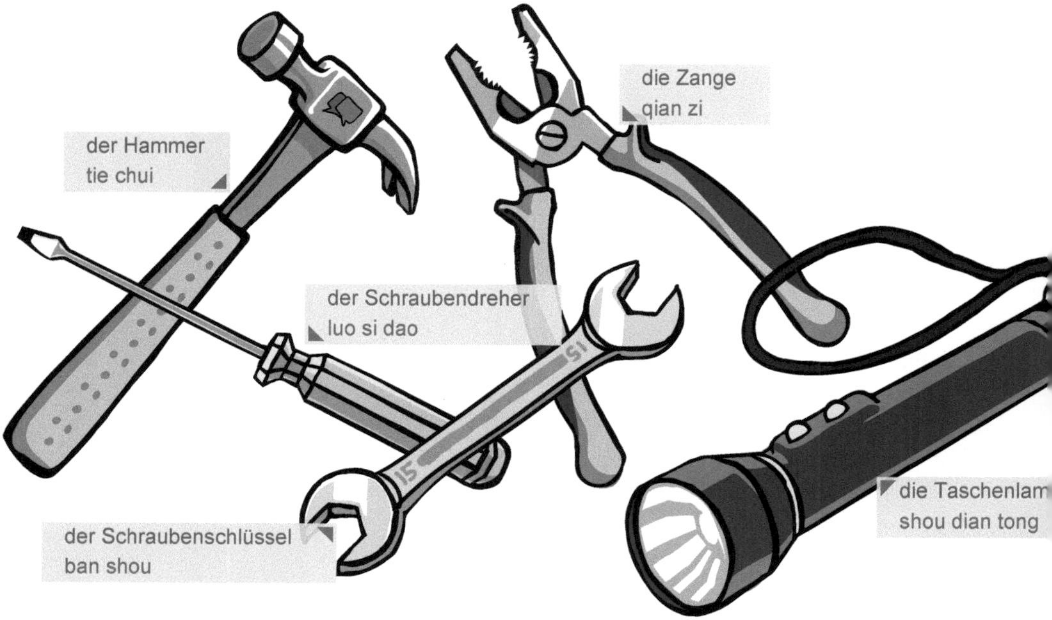

der Hammer
tie chui

die Zange
qian zi

der Schraubendreher
luo si dao

der Schraubenschlüssel
ban shou

die Taschenlam
shou dian tong

der Bagger

wa jue ji

der Werkzeugkasten

gong ju xiang

die Leiter

ti zi

die Säge

ju zi

die Nägel

ding zi

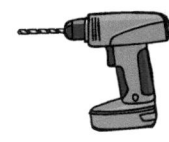

der Bohrer

zuan ji

reparieren

xiu

die Schaufel

chan zi

Mist!

kao!

das Kehrblech

bo ji

der Farbtopf

you qi tong

die Schrauben

luo si

die Musikinstrumente
yue qi

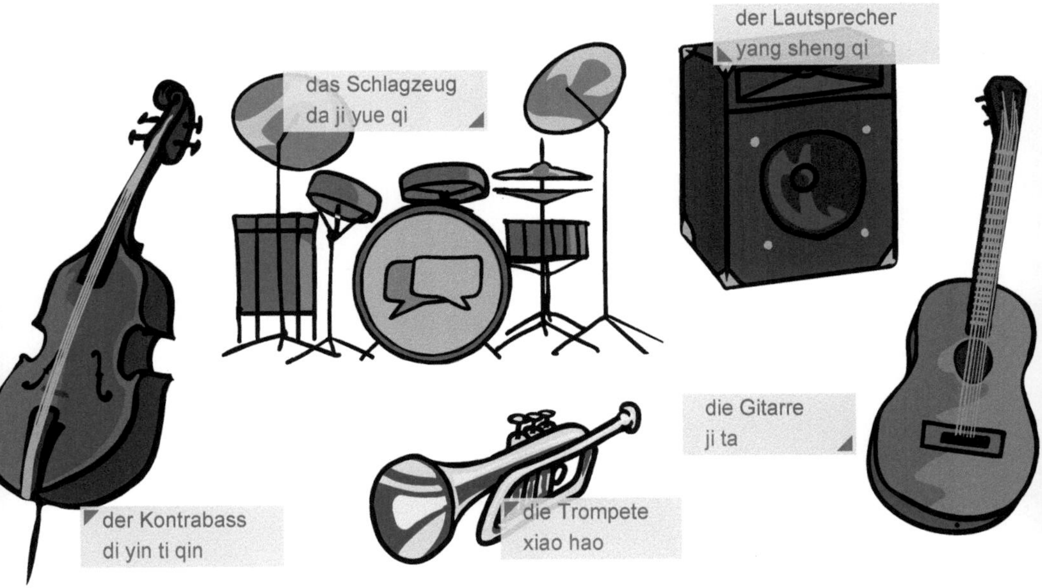

das Schlagzeug
da ji yue qi

der Lautsprecher
yang sheng qi

die Gitarre
ji ta

der Kontrabass
di yin ti qin

die Trompete
xiao hao

das Klavier

gang qin

die Violine

xiao ti qin

der Bass

bei si

die Pauke

ding yin gu

die Trommeln

gu

das Keyboard

dian zi qin

das Saxophon

sa ke si guan

die Flöte

chang di

das Mikrofon

mai ke feng

der Zoo

dong wu yuan

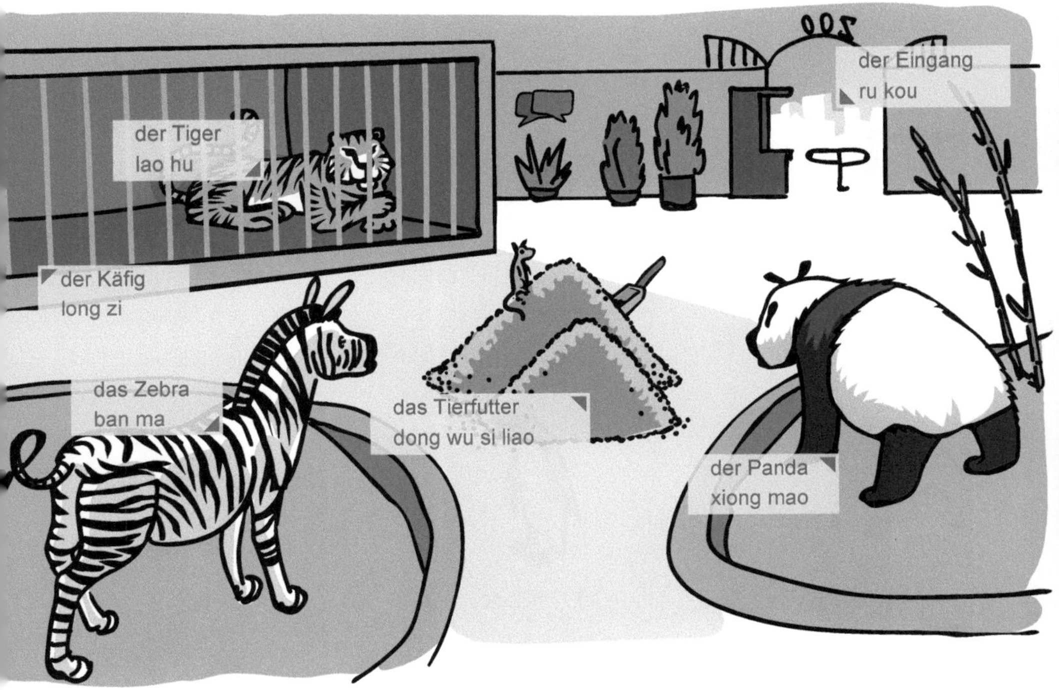

zoo
der Eingang
ru kou
der Tiger
lao hu
der Käfig
long zi
das Zebra
ban ma
das Tierfutter
dong wu si liao
der Panda
xiong mao

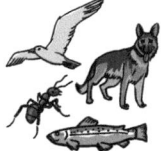

die Tiere

dong wu

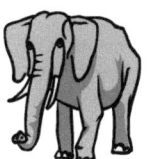

der Elefant

da xiang

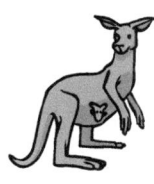

das Känguruh

dai shu

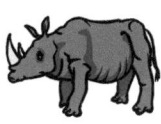

das Nashorn

xi niu

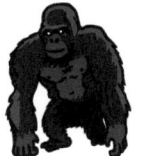

der Gorilla

da xing xing

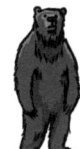

der Bär

xiong

das Kamel

luo tuo

der Strauß

tuo niao

der Löwe

shi zi

der Affe

hou zi

der Flamingo

huo lie niao

der Papagei

ying wu

der Eisbär

bei ji xiong

der Pinguin

qi e

der Hai

sha yu

der Pfau

kong que

die Schlange

she

das Krokodil

e yu

der Zoowärter

dong wu yuan guan li yuan

die Robbe

hai bao

der Jaguar

mei zhou bao

der Zoo - dong wu yuan

das Pony

ai zhong ma

der Leopard

bao

das Nilpferd

he ma

die Giraffe

chang jing lu

der Adler

lao ying

das Wildschwein

ye zhu

der Fisch

yu

die Schildkröte

gui

das Walross

hai xiang

der Fuchs

hu li

die Gazelle

ling yang

das American Football
gan lan qiu

das Radfahren
qi zi xing che

das Tennis
wang qiu

der Basketball
lan qiu

das Schwimmen
you yong

das Eishockey
bing qiu

das Boxen
quan ji

der Fußball

ying shi zu qiu

das Badminton

yu mao qiu

die Leichtathletik

tian jing

der Handball

shou qiu

das Skilaufen

hua xue

das Polo

ma qiu

die Aktivitäten
huo dong

springen
tiao
umarmen
yong bao
lachen
xiao
gehen
zou lu
singen
chang
träumen
zuo meng
beten
qi dao
küssen
qin wen

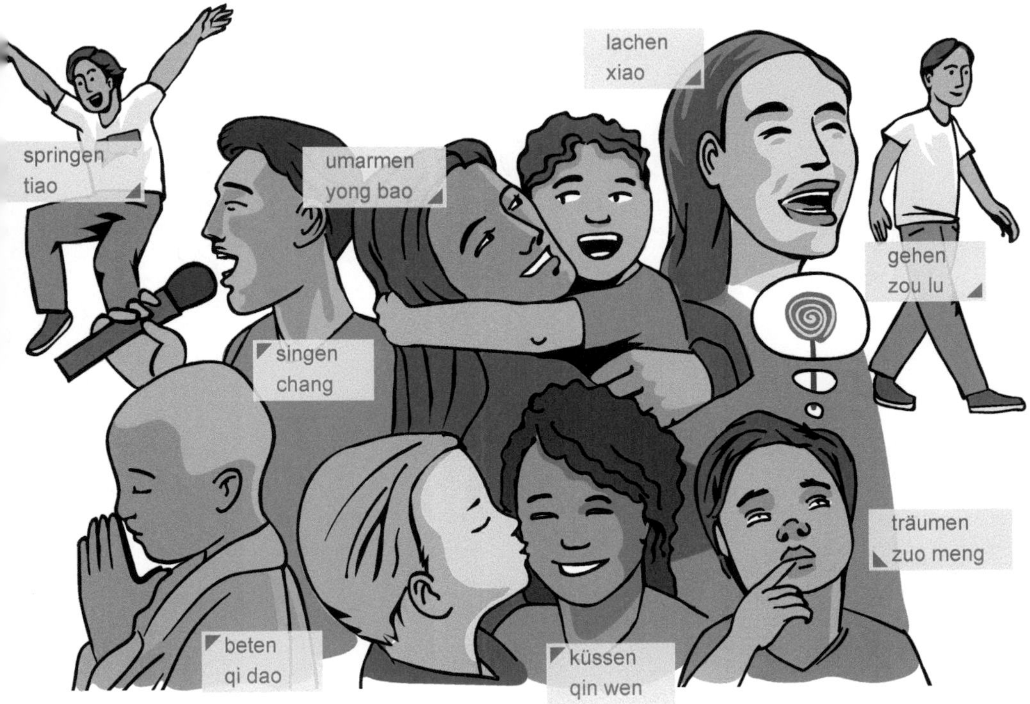

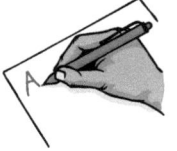

schreiben

shu xie

zeichnen

hua

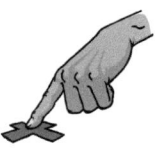

zeigen

zhan shi

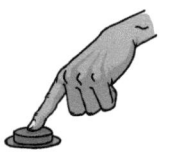

drücken

tui

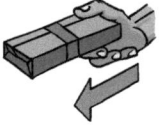

geben

gei

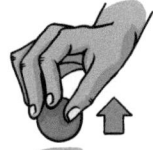

nehmen

na

haben

you

tun

zuo

sein

dang

stehen

zhan

laufen

pao

ziehen

la

werfen

reng

fallen

shuai dao

liegen

tang

warten

deng dai

tragen

xie dai

sitzen

zuo

anziehen

chuan yi

schlafen

shui jiao

aufwachen

xing lai

ansehen

kan

weinen

ku

streicheln

fu mo

kämmen

shu tou

reden

jiao tan

verstehen

ming bai

fragen

wen

hören

ting

trinken

he

essen

chi

aufräumen

qing li

lieben

ai

kochen

zuo fan

fahren

kai che

fliegen

fei

die Aktivitäten - huo dong

segeln

hang xing

rechnen

ji suan

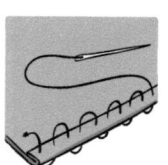

lesen

du

lernen

xue xi

arbeiten

gong zuo

heiraten

jie hun

nähen

feng

Zähne putzen

shua ya

töten

sha

rauchen

chou yan

senden

ji

die Familie
jia

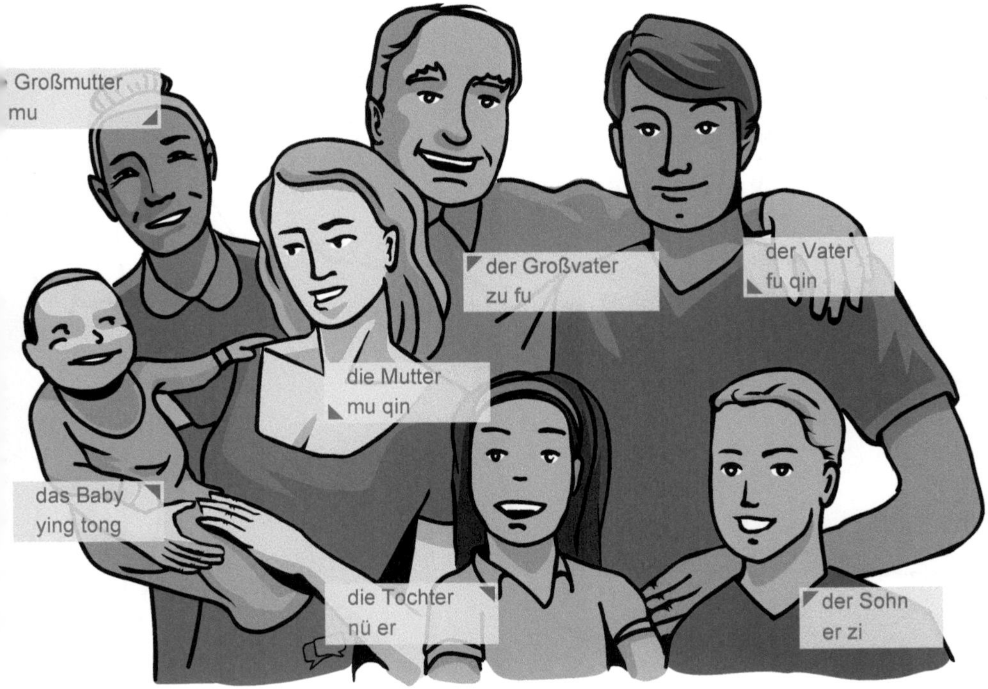

Großmutter
mu
der Großvater
zu fu
der Vater
fu qin
die Mutter
mu qin
das Baby
ying tong
die Tochter
nü er
der Sohn
er zi

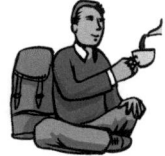

der Gast

ke ren

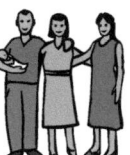

die Tante

a yi

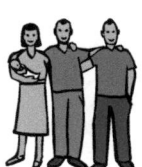

der Onkel

shu shu

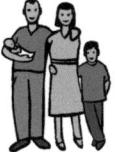

der Bruder

xiong di

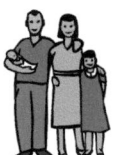

die Schwester

jie mei

der Körper
shen ti

die Stirn
qian e
das Auge
yan jing
die Schulter
jian bang
der Finger
shou zhi
das Gesicht
lian
das Kinn
xia ba
die Hand
shou
die Brust
ru fang
das Bein
tui
der Arm
shou bi

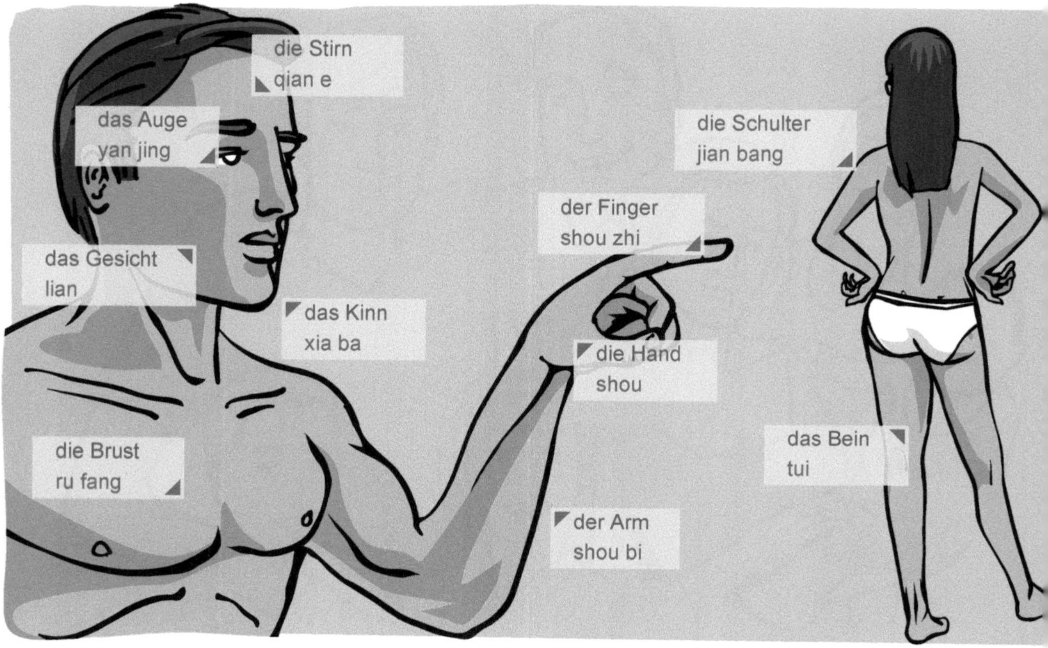

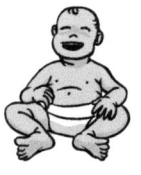

das Baby

ying tong

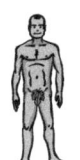

der Mann

nan ren

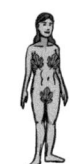

die Frau

nü ren

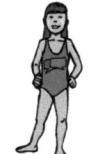

das Mädchen

nü hai

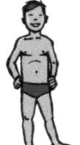

der Junge

nan hai

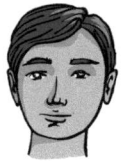

der Kopf

tou

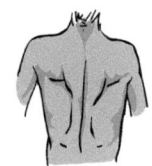

der Rücken

bei bu

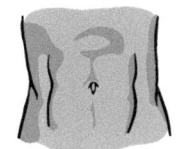

der Bauch

du zi

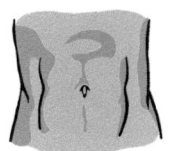

der Nabel

du qi

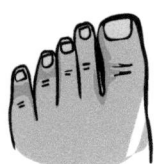

der Zeh

jiao zhi

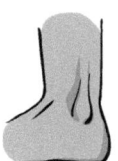

die Ferse

jiao hou gen

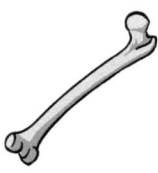

der Knochen

gu tou

die Hüfte

tun bu

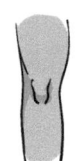

das Knie

xi gai

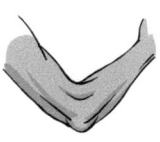

der Ellenbogen

shou zhou

die Nase

bi zi

das Gesäß

pi gu

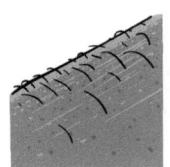

die Haut

pi fu

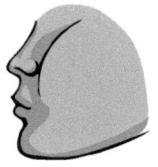

die Wange

lian jia

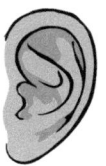

das Ohr

er duo

die Lippe

zui chun

der Körper - shen ti

der Mund

zui

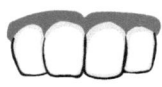

der Zahn

ya chi

die Zunge

she tou

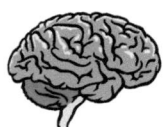

das Gehirn

nao

das Herz

xin zang

der Muskel

ji rou

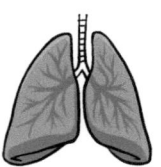

die Lunge

fei

die Leber

gan zang

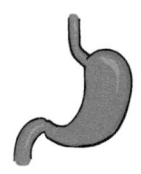

der Magen

wei

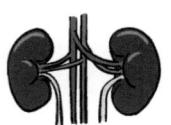

die Nieren

shen zang

der Geschlechtsverkehr

xing jiao

das Kondom

bi yun tao

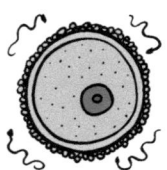

die Eizelle

luan zi

das Sperma

jing zi

die Schwangerschaft

huai yun

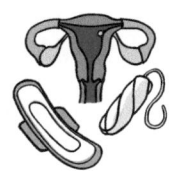

die Menstruation

yue jing

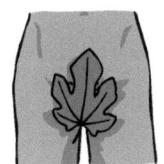

die Vagina

yin dao

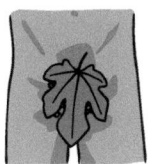

der Penis

yin jing

die Augenbraue

mei mao

das Haar

tou fa

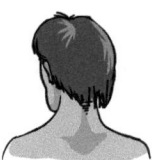

der Hals

bo zi

das Krankenhaus

yi yuan

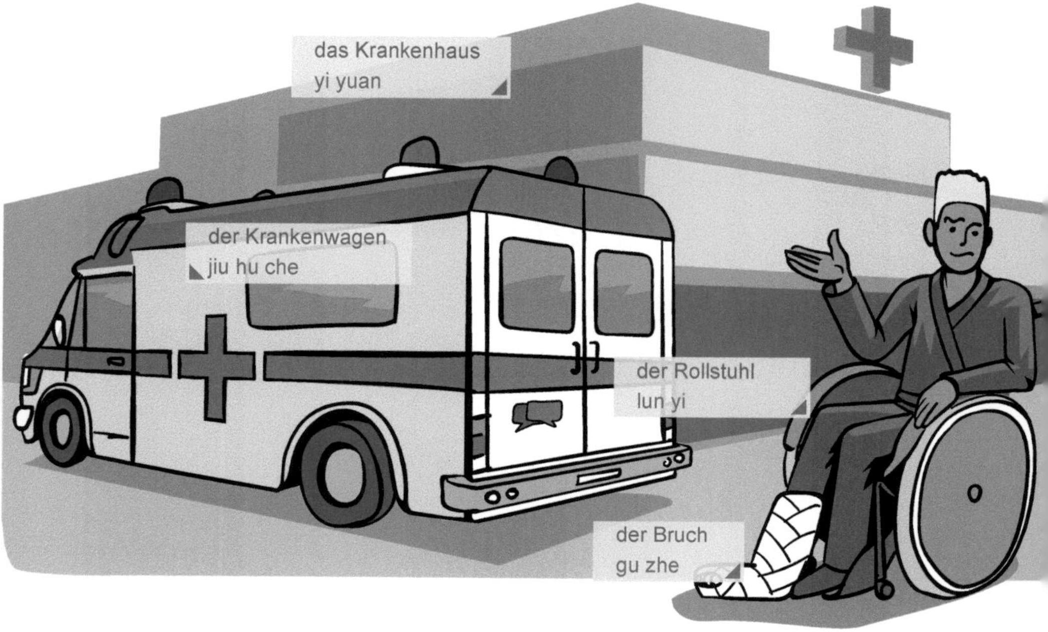

das Krankenhaus
yi yuan
der Krankenwagen
jiu hu che
der Rollstuhl
lun yi
der Bruch
gu zhe

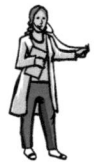

der Arzt

yi sheng

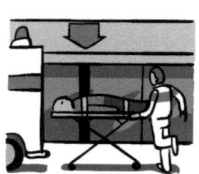

die Notaufnahme

ji zhen shi

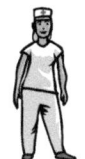

die Krankenschwester

hu shi

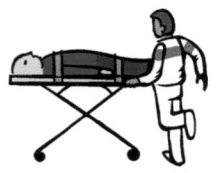

der Notfall

jin ji qing kuang

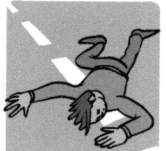

ohnmächtig

hun mi

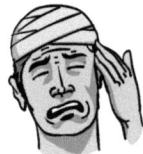

der Schmerz

tong

die Verletzung

shou shang

die Blutung

chu xue

der Herzinfarkt

xin zang bing fa zuo

der Schlaganfall

zhong feng

die Allergie

guo min

der Husten

ke sou

das Fieber

fa shao

die Grippe

liu gan

der Durchfall

fu xie

die Kopfschmerzen

tou tong

der Krebs

ai zheng

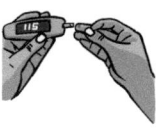

die Diabetis

tang niao bing

der Chirurg

wai ke yi sheng

das Skalpell

shou shu dao

die Operation

shou shu

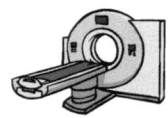

das CT

CT

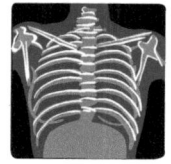

das Röntgen

X guang

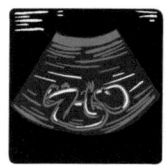

das Ultraschall

chao sheng bo

die Maske

kou zhao

die Krankheit

ji bing

das Wartezimmer

hou zhen shi

die Krücke

guai zhang

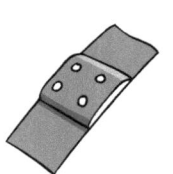

das Pflaster

shi gao

der Verband

beng dai

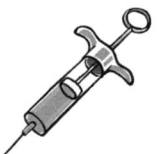

die Injektion

zhu she

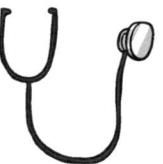

das Stethoskop

ting zhen qi

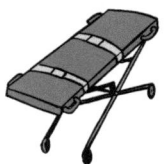

die Trage

dan jia

das Thermometer

ti wen ji

die Geburt

chu sheng

das Übergewicht

chao zhong

das Hörgerät

zhu ting qi

das Desinfektionsmittel

xiao du ye

die Infektion

gan ran

das Virus

bing du

das HIV / AIDS

ai zi bing

die Medizin

yao wu

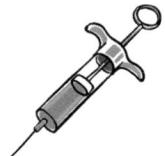

die Impfung

jie zhong yi miao

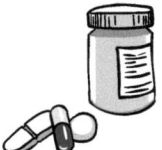

die Tabletten

yao pian

die Pille

yao wan

der Notruf

ji jiu dian hua

das Blutdruck-Messgerät

xue ya ji

krank / gesund

sheng bing/jian kang

Hilfe!

jiu ming!

der Alarm

jing bao

der Überfall

tu ji

der Angriff

gong ji

die Gefahr

wei xian

der Notausgang

jin ji chu kou

Feuer!

zhao huo la!

der Feuerlöscher

mie huo qi

der Unfall

yi wai

der Erste-Hilfe-Koffer

ji jiu xiang

SOS

hu jiu xin hao

die Polizei

jing cha

das Europa

ou zhou

das Nordamerika

bei mei zhou

das Südamerika

nan mei zhou

das Afrika

fei zhou

das Asien

ya zhou

das Australien

ao zhou

der Atlantik

da xi yang

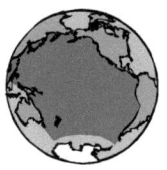

der Pazifik

tai ping yang

der Indische Ozean

yin du yang

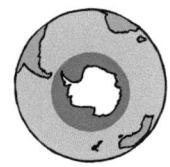

der Antarktische Ozean

nan bing yang

der Arktische Ozean

bei bing yang

der Nordpol

bei ji

der Südpol
nan ji

die Antarktis
nan ji zhou

die Erde
di qiu

das Land
lu di

das Meer
hai

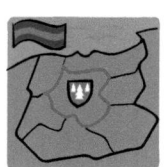

die Insel
dao

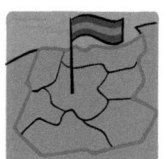

die Nation
guo jia

der Staat
guo jia

das Zifferblatt

zhong mian

der Stundenzeiger

shi zhen

der Minutenzeiger

fen zhen

der Sekundenzeiger

miao zhen

Wie spät ist es?

xian zai ji dian?

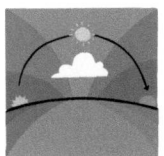

der Tag

tian

die Zeit

shi jian

jetzt

xian zai

die Digitaluhr

dian zi biao

die Minute

fen

die Stunde

shi

die Woche

zhou

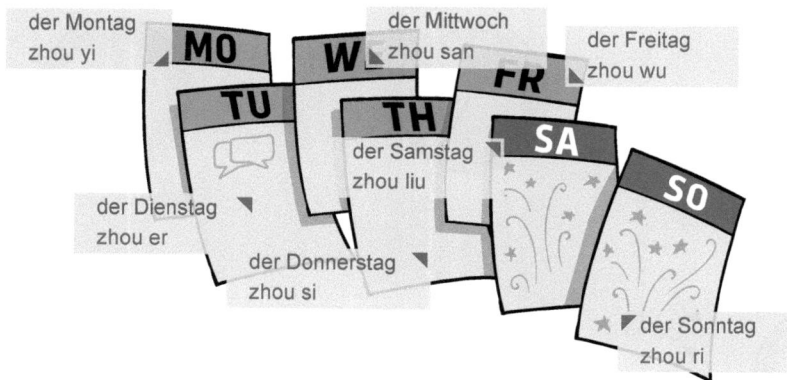

der Montag
zhou yi

der Mittwoch
zhou san

der Freitag
zhou wu

der Dienstag
zhou er

der Samstag
zhou liu

der Donnerstag
zhou si

der Sonntag
zhou ri

gestern

zuo tian

heute

jin tian

morgen

ming tian

der Morgen

zao chen

der Mittag

zhong wu

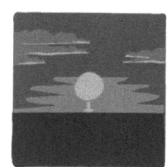

der Abend

wan shang

MO	TU	WE	TH	FR	SA	SU
1	2	3	4	5	6	7
8	9	10	11	12	13	14
15	16	17	18	19	20	21
22	23	24	25	26	27	28
29	30	31	1	2	3	4

die Arbeitstage

gong zuo ri

MO	TU	WE	TH	FR	SA	SU
1	2	3	4	5	6	7
8	9	10	11	12	13	14
15	16	17	18	19	20	21
22	23	24	25	26	27	28
29	30	31	1	2	3	4

das Wochenende

zhou mo

das Jahr
nian

der Regen
yu
der Regenbogen
cai hong
der Schnee
xue
der Winc
feng
der Frühling
chun
der Herbst
qiu
der Sommer
xia
der Winter
dong

4.APRIL 11°
5.APRIL 4°
6.APRIL 13°
7.APRIL 8°
8.APRIL 10°

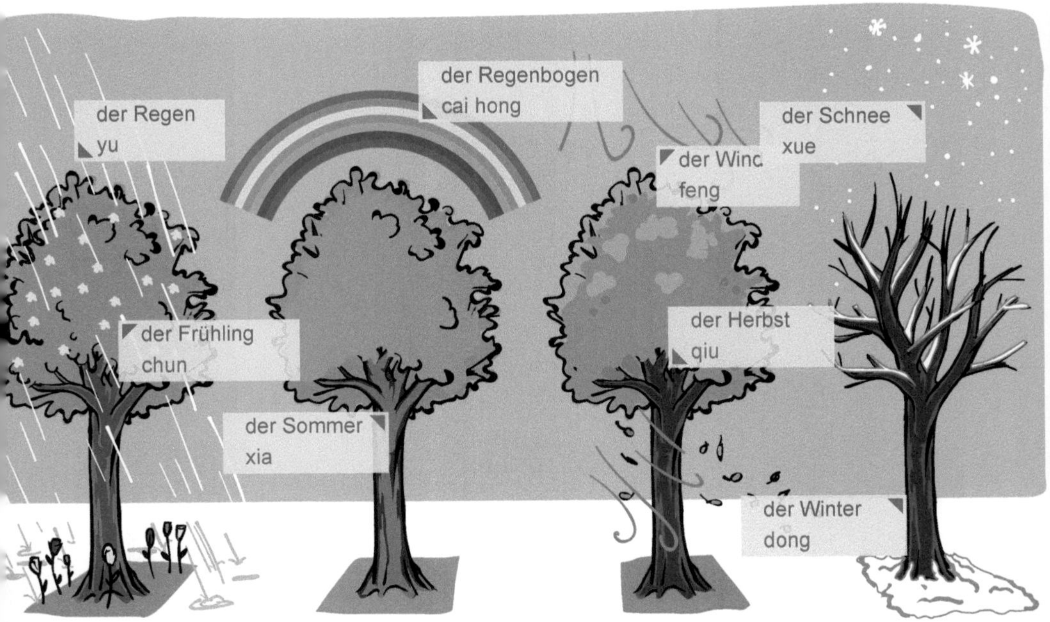

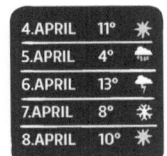

die Wettervorhersage

tian qi yu bao

F
C
120
90
60
30
0
-30
40
30
20
10
0
-10
-20

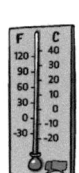

das Thermometer

wen du ji

der Sonnenschein

yang guang

die Wolke

yun

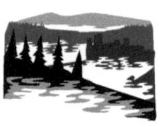

der Nebel

wu

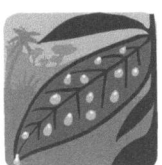

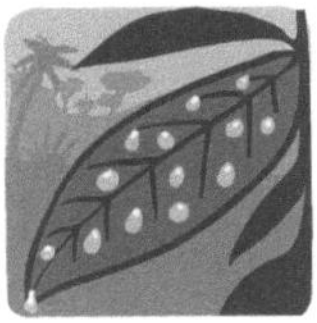

die Luftfeuchtigkeit

chao shi

der Blitz

shan dian

der Donner

da lei

der Sturm

feng bao

der Hagel

bing bao

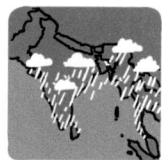

der Monsun

ji feng

die Flut

hong shui

das Eis

bing

der Januar

yi yue

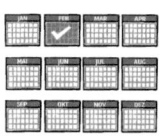

der Februar

er yue

der März

san yue

der April

si yue

der Mai

wu yue

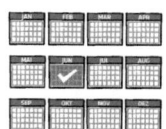

der Juni

liu yue

der Juli

qi yue

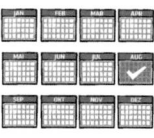

der August

ba yue

der September
....
jiu yue

der Oktober
....
shi yue

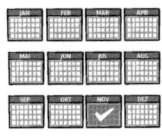

der November
....
shi yi yue

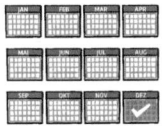

der Dezember
....
shi er yue

die Formen
xing zhuang

der Kreis
....
yuan xing

das Quadrat
....
zheng fang xing

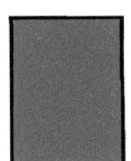

das Rechteck
....
chang fang xing

das Dreieck
....
san jiao xing

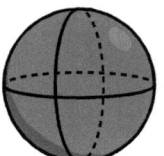

die Kugel
....
qiu ti

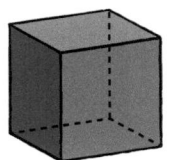

der Würfel
....
li fang ti

weiß

bai

gelb

huang

orange

cheng

pink

fen

rot

hong

lila

zi

blau

lan

grün

lü

braun

zong

grau

hui

schwarz

hei

viel / wenig

hen duo/shao xu

wütend / friedlich

sheng qi/ping jing

hübsch / hässlich

mei/chou

der Anfang / das Ende

shou/wei

groß / klein

da/xiao

hell / dunkel

ming/an

er Bruder / die Schwester

xiong di/jie mei

sauber / schmutzig

gan jing/ang zang

vollständig / unvollständig

wan zheng/que shi

der Tag / die Nacht

bai tian/wan shang

tot / lebendig

si/sheng

breit / schmal

kuan/zhai

genießbar / ungenießbar

ke shi yong/fei shi yong

böse / freundlich

xie e/shan liang

aufgeregt / gelangweilt

xing fen/wu liao

dick / dünn

pang/shou

zuerst / zuletzt

di yi/zui hou

der Freund / der Feind

peng you/di ren

voll / leer

man/kong

hart / weich

ying/ruan

schwer / leicht

zhong/qing

der Hunger / der Durst

e/ke

krank / gesund

sheng bing/jian kang

illegal / legal

fei fa/he fa

intelligent / dumm

cong ming/yu ben

links / rechts

zuo/you

nah / fern

jin/yuan

die Gegenteile - fan yi ci

neu / gebraucht
xin/jiu

nichts / etwas
mei you/you xie

alt / jung
lao/you

an / aus
kai/guan

offen / geschlossen
da kai/he shang

leise / laut
an jing/chao nao

reich / arm
fu/qiong

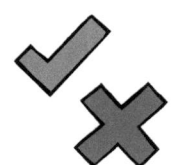

richtig / falsch
dui/cuo

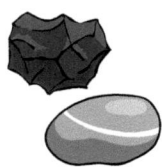

rau / glatt
cu cao/guang hua

traurig / glücklich
shang xin/gao xing

kurz / lang
duan/chang

langsam / schnell
man/kuai

nass / trocken
shi/gan

warm / kühl
wen nuan/liang shuang

der Krieg / der Frieden
zhan zheng/he ping

die Gegenteile - fan yi ci

0

null

ling

1

eins

yi

2

zwei

er

3

drei

san

4

vier

si

5

fünf

wu

6

sechs

liu

7

sieben

qi

8

acht

ba

9

neun

jiu

10

zehn

shi

11

elf

shi yi

12

zwölf

shi er

13

dreizehn

shi san

14

vierzehn

shi si

15

fünfzehn

shi wu

16

sechzehn

shi liu

17

siebzehn

shi qi

18

achtzehn

shi ba

19

neunzehn

shi jiu

20

zwanzig

er shi

100

hundert

bai

1.000

tausend

qian

1.000.000

million

bai wan

Englisch

ying yu

Amerikanisches Englisch

mei shi ying yu

Chinesisch Mandarin

pu tong hua

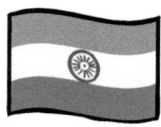

Hindi

yin di yu

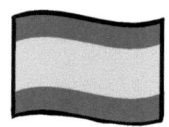

Spanisch

xi ban ya yu

Französisch

fa yu

Arabisch

a la bo yu

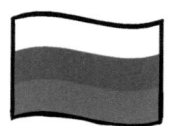

Russisch

e yu

Portugiesisch

pu tao ya yu

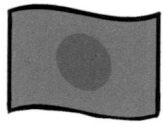

Bengalisch

feng jia la yu

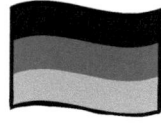

Deutsch

de yu

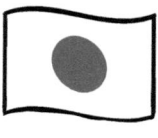

Japanisch

ri yu

ich
wo

du
ni

er / sie / es
ta/ta/ta

wir
wo men

ihr
ni men

sie
ta men

wer?
shei?

was?
shen me?

wie?
zen yang?

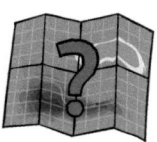

wo?
na li?

wann?
shen me shi hou?

HELLO, I AM

Name
ming zi

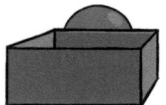

hinter
....
hou mian

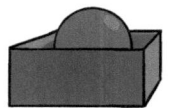

in
....
li mian

vor
....
qian mian

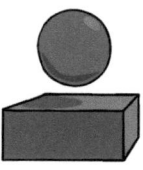

über
....
shang fang

auf
....
shang mian

unter
....
xia mian

neben
....
pang bian

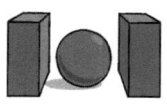

zwischen
....
zhong jian

der Ort
....
di dian